ÉTUDE COMPARÉE

DES

BOUTONS D'ALEP

ET DE BISKRA,

Par M. Henri HAMEL,

Médecin aide-major de première classe,
attaché au secrétariat du conseil de santé.

PARIS

LIBRAIRIE DE LA MÉDECINE, DE LA CHIRURGIE ET DE LA PHARMACIE MILITAIRES

VICTOR ROZIER, ÉDITEUR,

Rue Childebert, 11,

Près la place Saint-Germain-des-Prés.

1860

Imprimerie de Cosse et J. Dumaine, rue Christine, 2.

ÉTUDE COMPARÉE

DES

BOUTONS D'ALEP ET DE BISKRA.

L'actualité est la raison et l'unique mérite de ce travail. Dans un moment où une armée française occupe la Syrie, il a semblé au conseil de santé qu'il y aurait utilité à appeler l'attention des médecins attachés au corps expéditionnaire sur le *bouton d'Alep*, affection cutanée endémique qui offre beaucoup d'analogie, sinon une identité complète avec le *bouton de Biskra*, autre dermatose endémique de nos oasis sahariennes. Les différences que l'on a cru remarquer entre ces deux éruptions ne portent nullement sur le fond même de la maladie ; il se pourrait donc qu'elles fussent plus apparentes que réelles et, dans tous les cas, insuffisantes pour motiver l'admission de deux espèces distinctes. L'esprit, pour saisir les caractères différentiels ou les affinités des choses, a besoin de les comparer ; or, jusqu'ici, l'étude du bouton d'Alep a été faite par des médecins qui n'avaient pas observé le bouton de Biskra, et réciproquement ; de là les incertitudes et les doutes qui ont surgi à propos de leur identité, et qu'un examen comparatif est seul apte à dissiper.

L'institution de médecins destinés à aller étudier les maladies exotiques dans leur sphère d'activité, fut rêvée à une certaine époque par des hommes éminents ; mais cette institution, comme tant d'autres choses utiles, est restée à l'état de projet.

Le rôle de médecins voyageurs semble exclusivement dévolu aux officiers de santé de l'armée et de la marine : à eux de cultiver et d'enrichir la pathologie comparée des races et des climats ; à ceux surtout qui ont habité le sud de la province de Constantine d'apporter, dans la question actuelle, leur tribut de lumières et d'observations. L'occasion est favorable , et il n'est pas besoin de faire appel à leur zèle, car partout ils ont su concilier les devoirs de la profession avec les droits imprescriptibles de la science.

BOUTON D'ALEP.

Bibliographie.— On trouve quelques notions sur l'exanthème alépin dans RUSSEL (*Histoire naturelle d'Alep et des pays voisins*, 2 vol. in-4, 1794), dans VOLNEY (*Voyage en Syrie et en Egypte*, t. 2, p. 130).

Il a été l'objet de travaux originaux de la part des auteurs suivants :

Bo (*Mémoires de la Société de médecine*) ;

HOLLAND (*Journal de Roux-Destillets,* tome 58. 1782.

ALIBERT (*Note sur la pyrophlyctide endémique ou pustule d'Alep. — Revue médicale de* 1829). — Travail basé sur deux observations propres à l'auteur et sur des documents recueillis en Syrie par un de ses élèves.

GUILHOU (*Thèse.* Paris, 1833).—Monographie intéressante où ce médecin a consigné les observations faites par lui, pendant un voyage en Orient avec Pariset.

REQUIN (*Gazette médicale de Paris ,* 1832). — Article bien écrit et rédigé d'après une note de Disaut, vice-consul à Alep.

Villemin (*Mémoire sur le bouton d'Alep.— Gazette médicale*. 1854).—Riche de faits et de judicieuses réflexions ; le plus complet sur la matière.

C'est d'après ces divers travaux qu'ont été écrits les articles des dictionnaires, des ouvrages de dermatologie et surtout les excellentes pages de M. Boudin (*Traité de géographie et de statistique médicales*, tome II, 315). Il en a paru quelques autres qu'on pourra consulter avec fruit, et dont nous devons l'indication au savant médecin en chef de l'hôpital de Vincennes :

H. Guys (*Statistique du paschalik d'Alep ; topographie, climat, hist. nat.* — Marseille, 1853, in-8°).

Em. Salomonsen (*Udsigt over Kjöbenhavns Epidemies i den sidste halvdell af det attende aarhundrede.*—Kjöbenhavn, 1854).

Rafalowizsch (*Briefe eines russ. Arzfes aus der Türkei.*— Ausland, 1847, n° 218).

Groeschl (*Uber die Beule von Aleppo*) ;

Rigler (*Beitrag zur Lehre von der sogen. Aleppo Beule*) ;

Polak (*Briefe aus Persien*) ;

(Ces trois dernières publications, in Wien. mediz. Wochenschrift, 1853 et 1854.)

Distribution géographique. — Le bouton d'Alep règne endémiquement, non-seulement dans la ville de ce nom, mais encore à Bagdad, sur les bords du Tigre, de l'Euphrate, dans toutes les villes situées entre Bagdad et Alep, telles que Mossoul, Diarbékir, Mesdin, Orfa (Guilhou, Thèse citée), aux environs de Damas, suivant Volney, au pied du Liban, d'après Suquet, à Téhéran, à Ispahan (1) (M. Tholo-

____

(1) Proverbe persan, cité par le docteur Polak : « Il ne faut regarder « les filles d'Ispahan que d'un seul côté. (*Note de M. Boudin.*)

zan, lettre insérée au *Recueil de mémoires de médecine, de chirurgie et de pharmacie militaires,* — 3ᵉ série, tome III, 1ᵉʳ fascicule), peut-être même à Candie et en Égypte (Ch. Cuny, *Thèse* de Paris, 1853).

Synonymie. — Les dénominations de *bouton*, de *pustule d'Alep* sont mauvaises, puisque l'affection est loin d'être particulière à Alep ; mais, comme elles sont consacrées par l'usage, qu'elles s'appliquent à une maladie bien définie, elles méritent d'être conservées. Les appellations turque et arabe de *dous-el-kourmati, bess-el-temeur,* signifiant *mal des dattes,* reposent sur des hypothèses étiologiques que nous retrouverons à Biskra ; celle de *hhabb-el-seneh* (bouton d'un an), sur la considération spéciale de la durée de la maladie.

Symptomatologie. — La description générale du bouton donnée par M. Villemin ressemble de tous points à celle de M. Guilhou. Nous la lui empruntons textuellement : « Il est originairement constitué par un ou plusieurs tubercules qui se manifestent pour ainsi dire exclusivement à la face ou aux extrémités. Le tubercule apparaît d'abord sous la forme d'un bouton de la grosseur d'un pois ou d'une fève, le plus souvent indolent et accompagné de peu de rougeur. Le développement en est lent ; il emploie plusieurs mois à doubler ou à tripler de volume. A sa surface on voit de petites aspérités blanchâtres, comme écailleuses, qui tombent et se reproduisent alternativement. Lorsque arrive la période de ramollissement, il se forme à la surface du bouton une exhalation de sérosité limpide qui, en se coagulant, finit par constituer une croûte. Celle-ci augmente peu à peu de consistance ; quelquefois humide et assez facile à détacher, le plus souvent sèche et fortement adhérente, elle tombe, soit spontanément, soit arrachée par le malade ; mais elle ne tarde pas à se reformer pour se détacher de nouveau. Quand la croûte est tombée, ou, ce qui s'observe le plus ordinairement, lorsqu'elle s'est crevassée et séparée en plusieurs fragments, on aperçoit au-dessous d'elle un fond communément *lisse, assez uni*. Tantôt au niveau des téguments voisins, tantôt, et généralement, situé plus bas, ce fond est dépourvu le plus souvent de bourgeons charnus, tels qu'on les observe dans les ulcérations ordinaires. Les bords de l'ulcère sont inégaux, entourés d'une *ceinture de petites saillies tuberculeuses*, qui se prononcent de plus en plus ; il s'en développe également au voisinage. Le liquide sécrété a rarement les caractères d'un pus bien lié ; il est le plus souvent séreux ou séro-purulent, parfois très-limpide et ordinairement inodore ; dans un ou deux cas seulement, j'ai appris qu'il avait exhalé une odeur fétide. Cette lymphe est très-plastique : aussi, comme je l'ai dit, la croûte se reforme-t-elle promptement. L'exfoliation de la croûte se répète cinq, six fois de suite, ou un plus grand nombre de fois encore ; cette période dure plusieurs mois.

« Enfin arrive celle de la réparation. La saillie de la tumeur s'affaisse peu à peu, l'inflammation des tissus voisins diminue ; une dernière croûte se forme et persiste jusqu'à la guérison. A sa chute, on voit une plaque de tissu inodulaire, d'une teinte rougeâtre, qui pâlit d'abord au centre, de telle sorte que parfois le milieu du cercle est déjà revenu à une coloration presque normale, quand subsiste encore la bordure de petits tubercules dont j'ai parlé. Ceux-ci, contigus d'abord, finissent par se séparer, par suite du retrait de quelques-uns d'entre eux. Examiné à la loupe, on voit alors le champ de la plaque inodulaire couvert de petites lamelles blanchâtres, comme écailleuses, égales entre elles, exactement juxtaposées. Une fois formée, la cicatrice, dont les bords sont plus ou moins irréguliers, dont la surface est généralement au niveau des téguments, quelquefois un peu plus profonde, la cicatrice, de teinte blanchâtre, ressemble assez exactement à celle que laisse une brûlure ; elle est indélébile. Dans deux ou trois cas, je l'ai vue présenter une coloration brunâtre due à un dépôt abondant de pigment. »

Le bouton débute sans prodromes, sans mouvement fébrile, et, pendant tout son cours, la santé générale ne subit aucune altération. Les maladies intercurrentes ne le modifient en rien, et n'en éprouvent non plus nulle modification.

Telle est sa physionomie habituelle ; on voit qu'il serait possible d'établir dans sa marche trois périodes : d'*éruption*, de *suppuration*, de *cicatrisation*.

Sous l'influence de certaines diathèses, il peut subir des déviations, emprunter un masque étranger, revêtir la forme de presque toutes les affections cutanées : herpès, impétigo, ecthyma, lupus, syphilides ; mais cela seulement quand il est parvenu à la période d'ulcération. Le diagnostic, quelquefois difficile, recevra une vive lumière de la connaissance intime des phénomènes de début, de la marche et du siége de la maladie.

A côté de cette éruption type existe, à Alep, une autre éruption, ayant avec elle une similitude frappante. Elle consiste en un tubercule dur, indolent, lent à se développer, et présentant plusieurs formations successives de croûtes sèches et adhérentes. Seulement, ce tubercule aboutit moins fatalement à la suppuration ; il offre une extension moindre, un développement plus lent, conséquemment une durée plus longue ; la cicatrice qui en résulte a tous les caractères signalés plus haut. Les Orientaux attribuent cette seconde éruption à la piqûre d'un *cloporte*, et lui donnent le nom de *khars el umm aly ;* mais ce n'est là, suivant la remarque de Russel, qu'une manifestation nouvelle et affaiblie de la cause qui produit le bouton d'Alep. Considérant qu'elle ne se développe que chez les individus qui ont déjà été atteints du bouton proprement dit, chez les femmes, chez les enfants lymphatiques, chez les personnes d'une constitution détériorée, M. Villemin y voit un travail éliminatoire destiné à débarrasser l'économie du germe morbide, que la première éruption n'a pu éteindre. Quoi qu'il en soit de cette explication, le fait est important à constater.

Nombre, étendue, siége des boutons. — Leur nombre est très-variable. M. Villemin en a vu 15 sur un jeune Cypriote, 21 chez une dame d'origine allemande. Disaut parle de 36 boutons; M. Guilhou, de 77 : l'éruption était tellement confluente qu'elle ressemblait à une variole.

Quand il en existe un seul, les Alépins le décorent du nom de *bouton mâle*, et lui attribuent une plus grande gravité. La cause morbifique qui s'est concentrée sur un seul point semble, dit Requin, y épuiser son activité. Cette opinion n'est rien moins que fondée. La dénomination de *bouton femelle* est appliquée à l'éruption multiple.

Volney assigne à l'ulcère la largeur d'un ongle. Son diamètre varie d'étendue, d'après M. Guilhou, depuis 6 lignes jusqu'à 2, 3 et même 4 pouces. M. Villemin en a mesuré qui avaient $0^m,04$ ou $0^m,05$ de diamètre; il parle d'un Hongrois dont le nez et la partie contiguë des deux joues étaient rongés par la maladie. Toutes ces évaluations ne sont pas concordantes.

Le bouton attaque principalement la face et la partie externe des membres (avant-bras, jambe, poignet, dos du pied, etc.). La face en est presque exclusivement le siége chez les indigènes ; c'est le contraire qui a lieu chez les étrangers. M. Guilhou l'a observé au scrotum ; suivant Alibert, toutes les parties du corps sont de son domaine. Notons cependant, contrairement à cette dernière assertion, que M. Villemin ne l'a jamais rencontré sur le tronc.

Durée, immunité, récidive. — La dénomination de *hhabb el seneh* (bouton d'un an) nous traduit une opinion populaire qu'il ne faut pas dédaigner, parce qu'elle dérive de l'impression journalière des faits. Tous les médecins qui ont décrit cette singulière endémie, d'accord en cela avec le vulgaire, en fixent d'ailleurs la durée à un an (Volney, Guilhou, Villemin). Telle est donc la règle ; mais, comme toutes les règles, celle-ci comporte des exceptions : le bouton peut parcourir ses phases en moins d'un an, six mois par exemple, comme, d'un autre côté, il peut dépasser de beaucoup ce terme ; on l'a vu persister depuis la première enfance jusqu'à la puberté.

Aucun indigène n'échappe à son atteinte : c'est là une loi absolue ; et c'est dans l'enfance qu'il se déclare, toujours avant la septième année, suivant M. Villemin. M. Guilhou recule un peu la limite d'âge. A l'égard des étrangers, rien d'aussi invariable : l'apparition du bouton a lieu au bout de quelques mois de séjour ou ne s'effectue qu'après de longues années, treize, quinze, vingt ans et plus. Les exemples même d'immunité, sans être communs, ne sont pas rares : un négociant français est mort à Alep, à 85 ans, vierge de toute atteinte, quoiqu'il eût habité cette ville pendant 79 ans. Un étranger, qui a quitté le pays, n'est pas pour cela soustrait à l'influence de la cause endémique : cette cause a agi, l'effet se produira tôt ou tard. MM. Guilhou, Villemin citent des faits très-remarquables de personnes frappées longtemps après leur départ de Syrie : trois ans, huit ans, trente-cinq ans.

Le bouton, proprement dit, ne récidive jamais; mais le même individu peut présenter, nous l'avons dit, une seconde manifestation de la maladie. De plus, suivant M. Villemin, le bouton contracté à Orfa, Bagdad ne préserve pas de celui de Mossoul ou d'Alep, et réciproquement, bien que l'affection paraisse identique dans ces différentes villes.

Étiologie. — Il est toujours difficile et souvent impossible de soulever le voile mystérieux qui recouvre la cause des maladies endémiques et épidémiques. Depuis Hippocrate, on est assez disposé à en soupçonner l'existence dans l'air, le sol ou les eaux, seuls agents dont l'influence s'exerce universellement sur tous les habitants d'un même pays. Russel, Volney, MM. Guilhou, Villemin partagent l'opinion populaire que l'eau du Coïq est la cause du mal. Ce dernier médecin s'est livré, à ce sujet, à une minutieuse enquête, de laquelle il résulte : 1° que tous les villages riverains, qui emploient l'eau du Coïq en boisson, sont affectés de l'exanthème ; 2° que ceux qui s'abreuvent à d'autres sources en sont exempts ; 3° qu'il est possible d'habiter Alep et de vivre *indemne,* en ayant soin de se priver complétement d'eau de rivière. L'expérience a été tentée avec succès dans un harem : elle apporte un grand poids dans la balance en faveur de cette étiologie. La composition de l'eau du Coïq n'est pas connue ; en la réduisant au 10° par l'ébullition, M. Villemin s'est assuré qu'elle ramenait au bleu le papier de tournesol rougi par un acide, alcalinité déjà constatée par F. Darcet. L'eau est toujours bourbeuse et laisse déposer une quantité considérable de matière organique.

Il n'y aura plus matière à contestation, le jour où l'analyse aura démontré l'identité chimique des eaux de toutes les villes tributaires de l'endémie.

Le bouton d'Alep n'a pas de saison; il se manifeste aussi

2.

bien par les grandes chaleurs de l'été que par les froids de l'hiver. Il n'est point contagieux ni exclusif à l'homme : le chien y est également sujet. On a tenté, avec du pus recueilli sur cet animal, des essais d'inoculation qui ont quelquefois donné naissance à une petite pustule dont la cicatrisation était complète au 20ᵉ jour, mais sur la vertu préservatrice de laquelle l'opinion n'est pas encore fixée.

Sur trente cas comparés au point de vue de la prédisposition créée par le tempérament, M. Villemin a trouvé seize fois les attributs du tempérament lymphatique, quatorze fois ceux du tempérament sanguin, nerveux ou bilieux (1).

Traitement. — L'expérience a enseigné, dit l'auteur des *Ruines,* que le meilleur remède est de n'en point faire. Les Alépins sacrifient largement à cette idée de non-intervention, soit qu'ils regardent le bouton comme une crise à respecter, comme un émonctoire dont la suppression entraînerait des dangers, soit qu'ils aient reconnu l'inanité de toute médication. Leur traitement consiste en des soins de propreté, en des lotions avec de l'eau tiède. — Russel a employé avec succès l'*emplastrum commune cum mercurio ;* un médecin résidant à Alep se servait de l'emplâtre de Nuremberg ou d'applications de pulpe de casse, avec de l'eau de roses.—Quand le fer rouge est mis en usage avant la période de suppuration, il paraît réduire à huit ou dix mois la durée de la maladie (2).

---

(1) Polak a observé le bouton d'Alep chez des individus de race caucasienne, mongole et nègre. Selon Grœschl, le bouton d'Alep ne se rencontrerait pas chez les habitants du désert. (*Note de M. Boudin.*)

(2) M. le baron Larrey vient de recevoir de M. Tholozan une lettre qu'il a eu l'obligeance de nous communiquer, et de laquelle nous extrayons le passage suivant : « J'étudie en ce moment une maladie cutanée qui fait beaucoup de ravages en ces pays, le bouton d'Alep,

BOUTON DE BISKRA.

Malgré les nombreux travaux des médecins militaires, publiés depuis 1847, le bouton de Biskra n'a pas encore conquis droit de cité dans la littérature médicale. Il n'en est point fait mention dans les traités des maladies de peau qui ont accordé une place à son congénère, le bouton d'Alep. M. Boudin seul (*Traité de géographie et de statistique médicale*, t. 2, 325) a comblé une lacune qu'on s'étonne, à bon droit, de rencontrer chez nos auteurs classiques. Les médecins de l'armée, qui se sont occupés de l'endémie saharienne, sont :

MM. Poggioli (*Essai sur une maladie cutanée nouvelle, ou dermatose ulcéreuse, observée à Biskra*) (Thèse.—Paris, 1847).

Cabasse (*Relation de la captivité des Français chez les Arabes*) (Thèse.—Montpellier, 1848).

Beylot (*Notice topographique et médicale sur Biskra.—*

---

qu'on pourrait appeler, tout aussi bien, bouton d'Ispahan, de Schiras, de Kisman, de Téhéran, parce qu'il règne endémiquement dans toutes ces localités. — Il est important de déterminer, au juste, toutes les localités, grandes ou petites, où se montre cette curieuse affection, et celles où elle ne se montre jamais. C'est par comparaison qu'on pourra peut-être enfin déterminer les causes de cet ulcère. —Je me suis déjà assuré que, comme toutes les maladies endémiques, il est sujet, dans les mêmes localités, à des recrudescences périodiques, après un certain nombre d'années où la fréquence et la gravité du mal étaient moindres. J'ai exploré les différents villages de la plaine et des montagnes de Téhéran, et, d'après cet examen, je ne pense pas que le mal tienne à la nature particulière des eaux potables, comme on l'a avancé pour le bouton d'Alep. Quand mes observations à ce sujet seront complètes, j'aurai l'honneur de vous en adresser le résumé. »

Téhéran, 1er septembre 1860.

Recueil de mémoires de médecine, de chirurgie et de phar-macie militaires.—2ᵉ série, t. 11).

Massip (*Essai sur le bouton de Biskra,* — même recueil, — 2ᵉ série, t. 11).

Quesnoy (*Relation méd.-chirurg. de l'expédition de Zaatcha,* même recueil,—t. 6,—2ᵉ série).

Verdalle (*Quelques mots sur le climat des Ziban.*—Thèse. — Montpellier, 1851).

Guyon (*Voyage d'Alger aux Ziban.* Alger, 1852).

Armand (*Algérie médicale,*— in-8, p. 420).

Weiss (*Essai sur l'affection cutanée épidémique des Ziban.* — *Gazette médicale* de Strasbourg, 1855).

E.-L. Bertherand (*Notice sur le chancre du Sahara,* — Lille, 1854.—*Médecine et hygiène des Arabes,*—in-8.— Paris, 1855).

Netter (*De l'étiologie et de la nature de l'affection connue sous le nom de bouton de Biskra.*—Strasbourg, 1856).

Boudin (*Du bouton de Biskra* (ouvrage cité).

A. Bertherand (*Du bouton de Biskra* (*Gazette médicale* de l'Algérie,—février et mars 1857).

Sonrier (*Du bouton des Ziban,*— même journal. — Mars 1857).

Masnou (*Du clou de Biskra ou bouton des Ziban,* — même journal.—Janvier 1859).

Manoha et Arnould (*Le bouton de Biskra à Laghouat,* — même journal, mars et avril 1860).

Tous ces travaux se recommandent à divers titres et se complètent l'un par l'autre; ils renferment éparses des données dont le rapprochement fera mieux sentir l'impor-tance, et que nous allons essayer de fondre dans un article d'ensemble.

Distribution géographique. — Le bouton de Biskra n'est point spécial à l'oasis de ce nom, ainsi qu'on l'avait pensé d'abord; il s'observe aussi à Tuggurt, à Ouargla, dans toute la zone des Ziban (Guyon) et dans le sud-ouest de l'Afrique (Quesnoy). — M. Cabasse le dit commun aux environs de Tlemcen et au Maroc. Il a été vu et étudié dernièrement à Laghouat par MM. Manoha et Arnould, qui en ont donné une description ne laissant point place au doute. Nous le rencontrerons probablement au fur et à mesure que nous avancerons vers le sud; des Saharis ont en effet affirmé à M. E.-L. Bertherand qu'il règne dans le désert (*Médecine et hygiène des Arabes*, 451).

Synonymie.—Sous la domination des deys, les garnisons turques appelaient le bouton endémique, *dous el kourmati* (mal des dattes); — il porte en arabe les noms de *frina*, de *hhabb* ou *hhabba* (bouton); — les dénominations françaises de *bouton*, d'*ulcère*, de *clou de Biskra*, à ne les envisager qu'au point de vue géographique, sont vicieuses, en ce sens qu'elles impliquent l'idée d'une localisation trop restreinte. Pour cette raison, MM. Guyon et E.-L. Bertherand ont proposé de les remplacer par celles de *bouton des Ziban*, de *chancre du Sahara*, fondées sur l'endémicité bien constatée de la maladie dans toutes les oasis du *Zab*.

Symptomatologie. — Le point de la surface cutanée qui doit être envahi par la maladie est le siége d'un léger prurit longtemps avant qu'aucun changement de coloration ou de texture y devienne appréciable. Mais un moment arrive où une exploration attentive permet de sentir, dans l'épaisseur du derme, un petit tubercule arrondi, du volume d'un pois ou d'une fève. Ce tubercule, qui fait corps avec la peau, reste quelque temps stationnaire et n'attire l'attention du malade que par une démangeaison plus ou moins vive;

puis il grandit, proémine, sous forme d'une petite tumeur conoïde, rouge, dont l'épiderme, après s'être fendillé, se soulève en écailles minces, qui se détachent par plaques circulaires pour se renouveler ensuite. Tels sont les phénomènes initiaux décrits par MM. Massip, Bédié, Weiss, El. Bertherand, Sonrier et Masnou. Les médecins dont l'observation n'est intervenue qu'après cette période initiale, caractérisée par le tubercule cutané, ont pu croire que le *bouton de Biskra* débutait, soit par une vésicule, soit par une pustule, soit par une bulle : c'est une erreur : l'apparition de ces soulèvements épidémiques annonce une deuxième phase de la maladie, celle d'éruption.

Arrivée là, la maladie revêt deux formes principales : l'une *ulcéreuse* ou *chancreuse*, l'autre *croûteuse*. Nous empruntons la description de la première au travail de Massip : « L'ulcération, qui ronge toute l'épaisseur du derme, envahit de jour en jour la peau frappée de maladie et s'élargit indéfiniment jusqu'au moment où l'ulcère est parvenu à son plus grand développement. Les bords de l'ulcère, frangés, coupés à pic et comme gaufrés, forment un bourrelet très-épais. Dans certains cas, ces bords sont renversés ; il s'est fait une plus ou moins grande perte de substance, ce qui donne à cette vaste ulcération un aspect repoussant. Le fond de cet ulcère est couleur de chair vive et à surface ondulée, présentant des circonvolutions et des anfractuosités, ces dernières recouvertes d'une matière séro-purulente. Cette surface ulcérée sécrète une assez grande quantité de pus sanieux et exhale une odeur *sui generis*. Une auréole d'une rougeur érysipélateuse entoure et couvre le voisinage de l'ulcère ; elle s'étend au loin, perd peu à peu de son intensité, et se fond bientôt avec la couleur naturelle de la peau. — Une cuisson assez vive chagrine pendant quelques jours le sujet, jusqu'au moment où l'ulcère ne fait plus de progrès. L'ulcération parvient à son plus haut degré de développement, sans avoir occasionné aucun dérangement ni douleur au malade. Les symptômes d'inflammation paraissent cesser, et l'ulcère reste dans cet état indolent plus ou moins longtemps (30 à 40 jours); alors plus de prurit ni de douleur. Les principaux troncs des vaisseaux lymphatiques, voisins de l'ulcère, ainsi que les ganglions correspondants, s'engorgent parfois et deviennent douloureux. Le bouton endémique est unique ou multiple. ..... Lorsque l'ulcère est unique ou isolé sur une partie de la périphérie du corps, il affecte ordinairement la forme circulaire... Si un ulcère se trouve très-rapproché d'un autre, leurs bords se rencontrent bientôt et se confondent pour ne plus former qu'une seule ulcération ovalaire, ellipsoïde et même très-irrégulière ; si plusieurs ulcères se sont réunis, ces derniers sont environnés, parfois, de petits boutons nombreux et superficiels, qui font éruption et se sèchent bientôt : ceux-ci n'ont plus le caractère du bouton de Biskra ; je ne fais que les signaler.

« Après un temps plus ou moins long, un ou deux mois après le début de l'ulcération, les bords de l'ulcère paraissent s'affaisser et son fond s'élever, de sorte que ces différentes parties se trouvent bientôt sur le même plan. Les bords frangés se rapprochent insensiblement vers le centre et remplissent bientôt le vide formé par la perte de substance. La cicatrice se forme et sera bientôt parfaite ; mais lorsqu'elle est effectuée, elle a un aspect livide, d'une couleur brune violacée. Peu à peu l'auréole érysipélateuse environnante perd de son intensité, pâlit et se confond avec la teinte ordinaire de la peau ; la cicatrice acquiert l'aspect résultant d'une cicatrice de brûlure au 3ᵉ degré, et conserve les caractères d'une membrane serrée, d'un blanc mat ; elle est indélébile. »

M. Masnou décrit la *forme croûteuse* dans les lignes suivantes : « Un ou plusieurs tubercules, généralement plus petits que ceux destinés à prendre la forme ulcéreuse, se dessinent au-dessous de la peau et s'accompagnent de démangeaisons ; le même cercle inflammatoire se dessine, une sérosité purulente suinte à la surface, qui, se desséchant à l'air, forme une croûte sèche, lisse ou fendillée, verdâtre ou grisâtre. Celle-ci tombe et se renouvelle facilement, sans s'accompagner d'ordinaire d'une douleur aussi forte que dans la première forme décrite. Quand cette croûte est enlevée, on ne voit pas le derme atteint aussi profondément ; la surface malade est d'un rouge plus ou moins vif, luisant, humide, et une nouvelle croûte, plus ou moins épaisse, se forme rapidement ; parfois elle a une odeur nauséabonde. La marche de la forme croûteuse est beaucoup plus lente que celle de la forme ulcéreuse : il n'est pas rare de la voir persister cinq ou six mois, et quelquefois même une année ; elle est aussi plus fréquente. »

Telles sont les deux formes fondamentales du *bouton des Ziban*, formes dont nous avons tenu à mettre sous les yeux, comme pour le bouton d'Alep, une description tracée d'après nature.

Il en est quelques autres moins communes, se produisant sous l'influence de conditions encore inconnues, que nous ne pouvons passer sous silence. Ainsi, M. Bédié parle d'une variété où le bouton unique, rudimentaire, une fois ulcéré, ne prend pas d'accroissement, dure peu et laisse néanmoins une cicatrice indélébile : MM. Poggioli, Massip, Weiss, Sonrier, d'une deuxième variété où l'ulcère, au lieu d'être profond, taillé à pic, offre des excroissances ou végétations qui surgissent de son fond et couvrent ses bords de telle sorte qu'il ressemble à une framboise.

A toutes les périodes, le bouton reste un accident purement local, et ne détermine point de phénomènes réactionnels.

Nombre, étendue, siége des boutons. — La maladie peut être constituée par un tubercule unique ; mais, d'ordinaire, un plus ou moins grand nombre de boutons, cinq ou six, d'après M. Sonrier, apparaissent simultanément sur une ou plusieurs parties du corps : une seule fois, il en a compté vingt-deux aux avant-bras et aux jambes. Nous avons vu une trentaine de cicatrices sur un condamné de l'atelier n° 4.— C'est la forme croûteuse, suivant M. Masnou, qui offre les exemples les plus fréquents de cette multiplicité.

L'ulcère varie, en étendue : De 1 à 7 centimètres (Sonrier) ; de 1 ligne à 1 pouce 1/2 (Bédié) ; de 1 à 5 centimètres (Massip) ; de quelques millimètres à 2 centimètres et plus (Poggioli) ; de quelques lignes à 3 ou 4 pouces (Weiss). — En somme, le diamètre oscille entre $0^m,01$ et $0^m,05$.

A Biskra, comme à Laghouat, l'éruption se montre surtout aux membres et à la face (jambe, avant-bras, dos du pied et de la main, nez, joues, oreilles). — Sur plus de deux cents cas, M. Weiss ne l'a pas rencontrée une seule fois au tronc ; mais d'autres médecins l'y ont observée (Massip, Masnou, E.-L. Bertherand). — Elle affecte quelquefois un siége tout à fait insolite : le pénis (Poggioli) ; le sinciput, la langue (Beylot) ; les seins, le périnée (E.-L. Bertherand).

MM. Masnou et Hoffmann ont recueilli, pendant leur séjour à Biskra, le premier 56, le second 53 observations dont l'analyse conduit à des résultats numériques intéressants. Dans les 56 de M. Masnou :

> 1° La forme ulcéreuse s'est présentée 21 fois
> La forme croûteuse.. 35

Ces deux formes coexistaient souvent sur le même sujet.

2° Les boutons siégeaient 31 fois aux membres supérieurs;

Idem. . . . . 27 fois aux membres inférieurs;

Idem. . . . . 8 fois à la face;

Idem. . . . . 6 fois au tronc;

Idem. . . . . quelquefois dans plusieurs de ces points simultanément.

Les 53 individus de M. Hoffmann ont fourni un total de 146 boutons, ainsi répartis quant au siége et à la forme :

A la face. . . . . 8 ulcéreux, 15 croûteux, total, 23

Aux membres supérieurs. 18 *idem.* . . 26 *idem.* . . *id.* . 44

Aux membres inférieurs. 41 *idem.* . . 38 *idem.* . . *id.* . 79

Durée, immunité, récidive. — Tous signalent la marche chronique du bouton, mais ne s'accordent pas complétement relativement à la durée. — Elle a été de 4 mois, en moyenne, chez les malades de M. Masnou. M. Bédié a donné des soins à des Arabes qui faisaient remonter l'invasion à 6, 8 et 10 mois; dans un cas qui lui est personnel, la guérison ne fut radicale qu'au bout de 18 mois (Guyon, *Voyage d'Alger aux Ziban*). Si la maladie est abandonnée à elle-même, que le sujet puisse résister aux démangeaisons, sans se gratter fortement, la terminaison arrive spontanément, dans un laps de temps d'un an à 15 mois (Weiss). L'émigration, de l'avis de tout le monde, en abrége de beaucoup la durée.

Le bouton attaque les indigènes et les étrangers, sans distinction d'âge ni de sexe. On compte 39 hommes, 14 femmes et 3 enfants, dont 1 à la mamelle, dans les observations de M. Masnou. 45 individus étaient Européens; 8 appartenaient à la race juive indigène. Examinées au même point de vue, celles de M. Hoffmann donnent: 48 hommes, 3 femmes, 2 enfants; 49 Européens, 4 Arabes.

Si les adultes européens figurent en plus grand nombre dans ces statistiques, ce fait tient au milieu où vivent les médecins militaires et à la catégorie de malades qu'ils sont surtout appelés à visiter ; elles ne prouvent rien, en ce qui concerne les races arabe, et juive indigène.

Le temps d'incubation n'a rien de fixe pour les étrangers. Dans le relevé de M. Masnou,

Le minimum est de. . . . . . . 2 mois.
Le maximum   de. . . . . . . 8 ans.
La moyenne   de. . . . . . . 1 an.

Nous manquons de renseignements à l'égard des indigènes.

En 1844, 500 hommes composaient la garnison de Biskra ;
l'endémie détermina 75 entrées à l'hôpital ;
En 1845, 475 hommes, — 45 entrées ;
En 1847, 700 *idem*, — 105 *idem* ;
En 1851, 600 *idem*, — 7 *idem*.

Il ne faudrait pas conclure, des chiffres précédents, qu'il y ait immunité pour la pluralité des hommes ; car la maladie peut se manifester après qu'on a quitté le pays. C'est ce qu'ont souvent vérifié les médecins des hôpitaux militaires de Bathna, de Sétif, de Constantine, etc.

Les exemples de récidive ne sont pas rares, malgré l'opinion contraire des indigènes. M. Masnou en relate deux cas ; trois autres ont été notés à l'hôpital de Biskra en 1847-1848. M. Bédié a subi lui-même deux atteintes de la dermatose zibanienne ; la seconde, alors qu'il était depuis deux mois déjà à Philippeville (Guyon, *loco citato*).

Étiologie.— Une seule opinion paraît avoir cours à Alep sur la cause de l'endémie qui lui est propre. Il n'en est pas de même ici : beaucoup de théories se sont produites, sans qu'aucune d'elles ait été définitivement acceptée. Nous allons les passer en revue, en signalant et les arguments sur lesquels elles s'appuient et les objections dont elles ont été l'objet.

En 1844, la manifestation endémique eut lieu dans la 2ᵉ quin-
zaine de novembre ;
En 1845,   —   — dans la 2ᵉ quinzaine d'octobre ;
En 1847–1848,   — pendant le mois de novembre.

Les 105 cas qui composent l'épidémie de 1847-1848 se
distribuent ainsi, eu égard à l'époque exacte d'apparition :

Novembre.	Décembre.·	Janvier.
31	59 .	15

M. Masnou a constaté de son côté que, dans l'immense
majorité des cas (43 sur 56), la maladie se déclare dans les
mois de septembre, octobre et novembre. En thèse générale donc, le bouton apparaît après les chaleurs de l'été,
c'est-à-dire à l'époque de la maturation des dattes. Les
indigènes voient dans cette coïncidence un rapport de cau-
salité, et attribuent à l'usage des dattes fraîches le développement de la *frina*. Dans le Zab, à Tuggurt, etc., où cette
opinion est répandue et partagée, on se livre en grand à
l'élève du chien, dont la chair est considérée comme l'anti-
dote de la datte. — L'expérience a déposé depuis longtemps contre cette théorie étiologique.

Il était naturel que les observateurs, frappés de l'analogie qui existe entre les *boutons d'Alep* et *de Biskra*,
cherchassent à leur trouver une origine commune. Comme
le Coïq, l'Oued-el-Kantara a été accusé de donner naissance à l'éruption endémique, et les apparences semblent,
jusqu'à un certain point, justifier cette accusation. L'Oued-
el-Kantara, qui prend sa source dans les montagnes
voisines de Batna, coule, avant d'arroser l'oasis de Biskra,
au milieu de montagnes formées de sel gemme. L'eau
a un goût saumâtre désagréable, dont on parvient diffi-
cilement à la dépouiller, mais auquel on finit par s'ha-
bituer ; elle purge légèrement les nouveaux arrivés. Sursa-

turée de sel pendant l'été, elle est trouble et limoneuse après les pluies. L'analyse chimique y a démontré les principes suivants :

Acide carbonique libre (comme l'eau ordinaire) ;
Chlorure de sodium.. . . . . . . } 1^g,20
Idem. . . de magnésium. . . . }
Idem. . . de calcium (des traces) ;
Sulfate de chaux. . . . . 0^g,40
Idem de soude. . . . . 0^g,23
Idem de magnésie (traces) ;
Carbonate de chaux. . . . . . . 0^g,15
Idem. . . de magnésie (traces) ;
Matières organiques (environ). . 0^g,10

2^g,10 (Tripier).

Elle précipite le savon et cuit mal les légumes. Jusques il y a quelques années, l'Oued-el-Kantara fournissait à tous les besoins des indigènes et de la garnison, et la quantité d'eau ingérée atteint, à l'époque des chaleurs, de telles proportions qu'on pouvait, avec une apparence de vérité, lui faire jouer un rôle important dans la pathogénie du bouton.

Avant de trancher la question, il importe de ne pas perdre de vue 1° qu'on boit de l'eau saumâtre dans beaucoup de localités, jouissant des mêmes conditions de température que Biskra, et que, cependant, la dermatose zibanienne y est inconnue ; 2° que, depuis quelque temps, la garnison fait usage d'eau de citerne, alimentée par les pluies et dépurée par une filtration bien entendue, et qu'elle est encore en proie aux atteintes de l'endémie. Sans dénier à l'eau toute participation dans la production de cette dernière, nous dirons avec M. Masnou qu'elle n'en saurait être considérée comme la cause unique.

M. Netter a donné du mode d'action de l'eau une interprétation qui ne manque pas d'originalité. « Les habitants de Biskra, dit-il, sont sous l'influence d'une diathèse spéciale, provenant de la nature de l'eau économique chargée de certains principes ; ceux-ci sont éliminés en été, en grande partie, par les sueurs qui les déposent sur la peau et la chemise, sous forme de poussière blanchâtre : plus tard, en octobre, sous l'influence d'une température plus douce et même *froide* pour le pays, la transpiration diminue d'une manière très-notable ; les pores de la peau se resserrent, et le principe étranger, au lieu d'arriver au dehors, *se dépose* dans l'épaisseur même du derme. Cette hypothèse, d'accord avec la physiologie et avec la théorie de la formation des calculs, explique pourquoi l'affection, après avoir éclaté en automne, avoir duré tout l'hiver, diminue considérablement au printemps et disparaît en été ; pourquoi elle siége de préférence aux membres et au visage, de toutes les parties du corps les plus exposées au froid ; pourquoi le bouton, effet de la présence d'un corps étranger, se termine fatalement par sa destruction, soit que la nature procède par ulcération, soit que le chirurgienintervienne avec le cautère. »

En attendant que des expériences chimiques, microscopiques ou autres aient démontré, dans la peau, l'existence du dépôt salin, il convient de rester, vis-à-vis de cette théorie, dans une sage circonspection.

Une autre opinion, émise par M. Sonrier, fait résider la cause endémique dans l'atmosphère pulvérulente particulière aux Ziban : la poussière, se déposant sur les parties découvertes du corps, les irrite, y forme des concrétions, lesquelles sont ultérieurement entraînées dans le derme. Plusieurs objections lui ont été adressées :

« Jusqu'à présent aucune analyse n'a signalé dans la nature du sable saharien de caractères physiques ou chimi-

ques propres à lui conférer des propriétés irritantes spé-
ciales sur le système cutané. Sous diverses latitudes, de
nombreuses professions exposent ceux qui les exercent
(chaufourniers, saliniers, plâtriers, tailleurs de pierre, con-
ducteurs de voitures) à l'action incessante de courants d'air
éminemment chargés de particules pulvérulentes. A-t-on
jamais noté chez ces derniers des diathèses furonculeuses
ou pustuleuses d'une endémicité aussi marquée que celle
dont il s'agit? En Algérie même, certaines stations, Té-
nez, Médéah, Sétif, sont très-connues pour l'incommodité
de leur atmosphère habituellement poudreuse ; et cependant le bouton n'y règne pas. Il faut bien admettre une
autre cause (A. Bertherand). »

En second lieu, si les indigènes vont bras et jambes
nus, il faut remarquer que ces parties, siége ordinaire de
l'affection, sont chez les Européens, comme toutes les autres régions, enveloppées par les vêtements et, par consé-
quent, soustraites au contact de l'atmosphère pulvérulente.
La théorie de M. Sonrier nous semble destinée à partager
le sort de ses aînées.

Dernière hypothèse. Une grande loi, suivant M. A. Bertherand, domine la pathologie des pays chauds, loi d'élimination rendue nécessaire par des conditions particu-
lières d'absorption et d'infection... Des miasmes, émana-
tions des terres vierges, des torrents non encaissés, des
irrigations artificielles, etc., imprègnent l'économie et agis-
sent à la manière d'un agent toxique, dont elle cherche à se
débarrasser par toute voie possible. En Algérie, la peau,
incessamment excitée par l'élévation de la température,
devait être le lieu d'élection des efforts critiques de l'économie. Plus la cause croît en intensité, plus la fonction *ex-
pultrice* acquiert d'importance et d'énergie. La gale bé-
douine, les diathèses furonculeuse et phlegmoneuse sont

les premières manifestations critiques d'une série dont le bouton de Biskra et le bouton d'Alep constituent la plus haute expression. Telle est, en abrégé, et dans les termes à peu près où elle a été formulée, la théorie de M. Bertherand. Comme corollaire, il ajoute : « Il y a dix ans l'oasis de Biskra baignait dans l'atmosphère infecte de vastes nappes d'eau saumâtre, piscines, fontaines et égouts tout à la fois des habitants. La civilisation intervient, assainit la localité ; les Arabes eux-mêmes proclament qu'ils respirent un air plus salubre et que le nombre des boutons a diminué d'un quart. Pourrait-on refuser de se rendre à l'évidence ? »

Avec M. Masnou nous répondrons au savant rédacteur de la *Gazette médicale de l'Algérie* que la chaleur peut avoir une certaine influence, mais qu'elle ne suffit pas seule à expliquer de semblables effets ; d'autant qu'ils sont inconnus dans des pays plus chauds ou même voisins, et dans les mêmes conditions atmosphériques que Biskra. Il y a ici une influence locale dont, pour le moment, il est impossible de bien déterminer la cause.

Hâtons-nous de quitter les hautes régions de l'hypothèse pour descendre dans l'humble domaine des faits.

Le tempérament lymphatique paraît agir comme cause prédisposante non douteuse :

Sur 109 individus examinés par MM. Masnou et Hoffmann, 92 présentaient les attributs du tempérament lymphatique, ou de ce tempérament combiné avec un autre.

75 appartenaient aux départements du nord de la France, à la Belgique, à l'Allemagne, à la Suisse.

Le bouton n'est pas contagieux ; il n'a encore été, que je sache, l'objet d'aucune tentative d'inoculation.

On ne l'observe pas chez le chien ; mais M. E. L. Bertherand croit en avoir constaté l'existence chez le cheval, avec un vétérinaire prussien. La maladie débutait pendant et après les fortes chaleurs par une tumeur qui, une fois abcédée, renfermait un bourbillon visqueux, infect, exempt du ver que présentent, en été, les autres boutons ; puis, la nature chancreuse se dessinait immédiatement, et faisait prendre à la tumeur des proportions de plus en plus considérables. Au bout d'un temps plus ou moins long et à l'aide de moyens variés (essence de térébenthine, cérat au sulfure rouge de mercure) l'ulcération était remplacée par une cicatrice indélébile, recouverte de poils blancs. Les hommes compétents verront-ils, dans cette affection, le bouton de Biskra ? L'avenir prononcera.

Traitement. — La thérapeutique a été jusqu'à ce jour expérimentale, ainsi qu'il arrive en face de toute affection nouvelle dont la nature est inconnue. Les amers, les toniques, les sudorifiques, les évacuants légers, les mercuriaux *intus et extra*, les solutions caustiques, le cautère igné, le soufre associé à l'iodure de potassium, en pommade, ont été employés sans grands avantages. « Les préparations mercurielles avaient d'abord semblé arrêter la marche du bouton ; mais on fut plus tard obligé de convenir qu'elles n'avaient diminué en rien la durée de la maladie (Bédié). »

M. Masnou a obtenu des résultats satisfaisants de l'emploi successif des moyens suivants : émollients dans la période d'ulcération inflammatoire, pommade mercurielle belladonée, bandelettes de diachylon.

M. A. Bertherand, préoccupé de sa théorie d'élimination, demande l'adjonction à toutes les médications d'un traitement interne énergiquement évacuant, que repoussent, comme dangereux, MM. Sonrier et Masnou.

M. Netter veut, 1° qu'on préserve en temps utile les membres et la face du contact du froid ;

2° Qu'on rouvre les pores de la peau, dans la période de dépôt, par des bains de vapeur ;

3° Qu'on sollicite, dans cette période, la sécrétion urinaire, en s'abstenant, toutefois, des diurétiques salins.

M. Sonrier recommande l'excision du tissu anormal.

Les habitants du Zab mangent du chien ; les indigènes de Biskra emploient l'écume que forme l'eau avec laquelle on fabrique le savon noir (E. L. Bertherand), ou même, ne font rien et laissent la maladie suivre son cours, persuadés qu'ils sont de l'inefficacité de tous les traitements (Masnou).

Parallèle.— Nous venons de résumer l'histoire des boutons d'Alep et de Biskra ; il nous reste maintenant à les mettre en regard et à les comparer, afin de mieux juger de leurs affinités.

Tous deux commencent par un petit tubercule, qui reste stationnaire pendant un laps de temps variable, s'ulcère, se recouvre d'une croûte et guérit, en laissant une cicatrice indélébile semblable à celle d'une brûlure. On a dit que la cicatrice du bouton d'Alep, contrairement à celle du bouton de Biskra, était petite, blanche et adhérente aux os. Il n'en est rien : les deux cicatrices présentent des caractères identiques. Le diamètre des ulcérations variant de part et d'autre dans les limites sensiblement égales, comme on peut s'en assurer en prenant pour base, non pas une seule détermination, mais la moyenne de toutes les évaluations données, la cicatrice qui leur succède doit offrir les mêmes variations d'étendue ; de part et d'autre, de rougeâtre qu'elle est dans le principe, elle devient, en vieillissant, blanche et déprimée ; pas plus à Alep qu'à Biskra elle n'est, quoi qu'on ait dit, adhérente aux os. Cette adhérence, dont on a voulu faire un trait distinctif de la dermatose asiatique, nous ne la trouvons signalée nulle part.

Des deux côtés, le bouton peut être unique ou multiple,
et alors se montrer à la fois sur des points divers de la surface cutanée ; des deux côtés encore, il siége de préférence
à la face et aux extrémités. Celui de Biskra apparaît-il
plus souvent sur le tronc, et cette fréquence est-elle relativement assez grande pour permettre d'établir entre les deux
éruptions une ligne de démarcation bien tranchée ? Nous
ne le croyons pas. Si M. Villemin n'a pas rencontré le
bouton d'Alep dans cette région, c'est que son séjour (1)
dans la ville asiatique n'a pas été assez prolongé. Alibert,
qui écrivait son article avec des documents recueillis sur
place, dit, en effet, que toutes les parties du corps sont de
son domaine. D'ailleurs, il ne faut pas s'imaginer que le
tronc soit un siége fréquent de la dermatose saharienne :
MM. Bédié, Manoha et Arnould, Weiss, ne l'y ont jamais
observée ; et pourtant l'expérience de ce dernier porte sur
plus de 200 faits.

La durée du bouton d'Alep est d'un an, en moyenne
(*hhabb-el-seneh*) ; celle du bouton de Biskra beaucoup
moindre (4 *mois*, Masnou). Les différences constatées sous
ce rapport ne tiendraient-elles point à la médication, nulle
à peu près en Asie, active au contraire en Afrique, de la
part des médecins de l'armée ? Nous sommes disposé à le
croire, M. Weiss affirmant que la maladie abandonnée à
elle-même guérit dans l'espace d'un an à 15 mois. C'est
un point à élucider, en s'enquérant surtout de ce qui se
passe chez les Arabes.

Le bouton d'Alep attaque tous les indigènes sans excep-
tion, avant la septième ou la dixième année ; nous ne savons

____

(1) M. Villemin n'a séjourné qu'un mois à Alep (juillet 1850), et il n'y
a recueilli que 60 observations.

rien de précis à l'égard de celui de Biskra ; nouveau sujet d'étude.

En Asie, comme en Afrique, l'endémie se comporte de la même manière vis-à-vis des étrangers : ou elle les épargne complétement, ou elle sévit sur eux, après un temps d'incubation indéterminé, quelquefois de longues années après qu'ils ont quitté le pays.

Contrairement à son congénère, le bouton de Biskra récidive ; reste à savoir si la seconde atteinte diffère de la première, comme dans la ville turque, par des caractères de chronicité et de développement particuliers, et si elle est surtout l'apanage des tempéraments lymphatiques et des constitutions usées.

Le bouton d'Alep n'a pas de saison ; celui de Biskra se manifeste en automne. La continuité de la cause, dans un cas, son intermittence dans l'autre, peuvent expliquer cette particularité sans toucher à l'essence de la maladie.

De part et d'autre, le tempérament lymphatique a été noté comme cause prédisposante ; de part et d'autre aussi, la contagion est nulle et l'expectation érigée en principe parmi les indigènes, l'expérience ayant démontré que toutes les méthodes thérapeutiques, loin d'abréger la durée du mal, ne faisaient souvent qu'ajouter à sa violence.

On peut voir combien sont nombreux les traits de ressemblance et accessoires, au contraire, les caractères différentiels. Cette similitude a frappé tous ceux qui, depuis une quinzaine d'années, se sont occupés de l'une ou de l'autre affection. Dans une note de son Mémoire, M. Villemin dit que la dermatose ulcéreuse de Biskra semble présenter de l'analogie avec la maladie qu'il a étudiée à Alep ; il eût été plus affirmatif si, au lieu de la thèse du docteur Poggioli, il avait pris pour terme de comparaison quelques-uns des travaux qui sont venus après. Cette thèse, bonne d'ailleurs, et la première, en date, de toutes les publications sur le bouton des Ziban, n'est pas de nature à en donner une idée nette : les formes secondaires y sont décrites comme primitives, parce que l'auteur n'a pas toujours assisté au début de l'éruption.

Pour nous, nous croyons à l'identité, mais nous reconnaissons cependant qu'il n'est pas possible encore de décider scientifiquement la question. Les travaux entrepris jusqu'à ce jour ne sont pas exactement comparables : bien des points élucidés ici sont demeurés là-bas dans l'ombre, et réciproquement; de nouvelles recherches deviennent donc nécessaires pour faire disparaître ces *desiderata*. Les formes primitives et secondaires de la maladie, sa durée, sa marche en dehors de toute influence thérapeutique, ses récidives, ses immunités, eu égard aux races et aux natiotionalités, devront surtout fixer l'attention. Car le temps n'est plus où la statistique pouvait additionner tous les hommes indistinctement, comme des unités de même espèce; la race, le climat, les institutions, l'hygiène impriment aux nations un cachet spécial, créent pour celles-ci des aptitudes, pour celles-là des immunités, que la pathologie comparée est appelée à mettre en évidence.

Quant au problème étiologique, il faut renoncer à en chercher la solution, avant de s'être livré à une investigation patiente de toutes les conditions telluriques, hydrologiques, atmosphériques, hygiéniques, propres à chaque localité. C'est assez dire la nécessité et l'importance des études topographiques, préalablement à toute discussion sur ce point.

FIN.

TABLE DES MATIÈRES.

—